η Φαίδρα η ζέβρα

κερδίζει τον αγώνα!

Zuza Vrbova
Εικονογράφηση: Tom Morgan-Jones

Modern Times

Η Φαίδρα η ζέβρα δεν έπαιρνε εύκολα αποφάσεις. Δεν μπορούσε να διαλέξει ούτε ποιο βιβλίο να διαβάσει ούτε ποιο παιχνίδι να παίξει. Η Πάκι το τιγράκι της έλεγε συνέχεια:

«Φαίδρα, αποφάσισε επιτέλους!»

ΤΑ ΖΩΑΚΙΑ ΣΤΟ ΣΧΟΛΕΙΟ

Η Φαίδρα η ζέβρα

κερδίζει τον αγώνα!

ΤΙΤΛΟΣ ΠΡΩΤΟΤΥΠΟΥ: Zoe wins the race

PUBLISHED BY COSTAS A. GIANNIKOS FOR MODERN TIMES S.A., 1, G. PAPANDREOU STR., 166 73 VOULA, ATHENS, GREECE
ISBN: 978-960-691-527-7 • ΙΟΥΝΙΟΣ 2009

ΕΚΔΟΤΗΣ: ΚΩΣΤΑΣ Α. ΓΙΑΝΝΙΚΟΣ

ΜΕΤΑΦΡΑΣΗ: ΠΑΜΕΛΑ ΛΥΤΡΑ • ΔΙΟΡΘΩΣΗ ΚΕΙΜΕΝΩΝ: ΜΙΡΕΛΛΑ ΚΑΠΡΑΛΟΥ
ΔΗΜΙΟΥΡΓΙΚΟ: ΔΗΜΗΤΡΑ ΖΑΜΠΟΥΡΑ, ΓΩΓΩ ΚΟΥΣΚΟΥΡΗ • ΥΠΕΥΘΥΝΟΣ ΠΑΡΑΓΩΓΗΣ: ΛΙΝΟΣ ΚΑΜΣΗΣ
ΠΑΡΑΓΩΓΗ: ΣΠΥΡΟΣ ΚΑΜΣΗΣ • ΕΚΤΥΠΩΣΗ-ΒΙΒΛΙΟΔΕΣΙΑ: ΤΥΠΟΕΚΔΟΤΙΚΗ Α.Ε.

ΕΚΔΟΣΕΙΣ ΜΟΝΤΕΡΝΟΙ ΚΑΙΡΟΙ Α.Ε.Ε., Γ. ΠΑΠΑΝΔΡΕΟΥ 1, 166 73 ΒΟΥΛΑ, ΑΘΗΝΑ, ΤΗΛ.: 210 96 59 904-5, FAX: 210 89 92 101
ΒΙΒΛΙΟΠΩΛΕΙΟ ΜΟΝΤΕΡΝΟΙ ΚΑΙΡΟΙ: City Link, Στοά Σπυρομήλιου, Σύνταγμα
www.moderntimes.gr

Ένα μεσημέρι, η Φαίδρα ήταν κακόκεφη

και δεν ήθελε να φάει.

«Τι σου συμβαίνει;» τη ρώτησε η Πάκι.

«Πλησιάζουν οι αγώνες και αυτή τη φορά θέλω να τα πάω καλύτερα. Θέλω να κερδίσω!» της εξήγησε η Φαίδρα.

«Πρώτα πρέπει να αποφασίσεις με ποιο άθλημα θα συμμετάσχεις: τη σκυταλοδρομία, τον αγώνα με τους σάκους ή τον αγώνα δρόμου με εμπόδια;»

«Ναι, αυτό θέλω! Να έρθω πρώτη στον αγώνα δρόμου με εμπόδια!» φώναξε ενθουσιασμένη η Φαίδρα.

«Θα πρέπει, όμως, να προσπαθήσεις αρκετά, αλλιώς δε θα τα καταφέρεις», είπε η Πάκι.

«Εσύ πάντως είσαι καλή σε ό,τι κάνεις», απάντησε η Φαίδρα.

«Ναι, γιατί προπονούμαι σκληρά», εξήγησε η Πάκι.

«Μην ανησυχείς, θα σε βοηθήσω να προετοιμαστείς σωστά. Θα ξεκινήσουμε τις προπονήσεις αύριο κιόλας».

«Εντάξει!» συμφώνησε η Φαίδρα.

Την επόμενη μέρα, οι δύο φίλες συναντήθηκαν στο στάδιο. Αρχικά, μέτρησαν την απόσταση που έπρεπε να τρέξει η Φαίδρα.

«Λοιπόν, εδώ είναι η αφετηρία», είπε η Πάκι.

Έπειτα, παρατήρησαν προσεκτικά το πρώτο εμπόδιο.

«Μπορείς να περάσεις από πάνω;» ρώτησε η Πάκι.

Η Φαίδρα δεν απάντησε.
Ένιωθε τα γόνατά της να τρέμουν
από το φόβο. Το πρώτο εμπόδιο ήταν
τόσο ψηλό όσο εκείνη.

«Ας μετρήσουμε όλα τα εμπόδια», πρότεινε η Πάκι. Ήταν οκτώ. Η Φαίδρα, όμως, δεν ήταν καθόλου σίγουρη ότι μπορούσε να τα περάσει.

«Δε θα τα καταφέρω ποτέ!» παραπονέθηκε.

«Φυσικά και θα τα καταφέρεις! Φαντάσου τον εαυτό σου να πηδά πάνω από τα εμπόδια κι όταν έρθει η στιγμή να το κάνεις, θα είναι πανεύκολο!» τη συμβούλεψε η Πάκι.

«Σκέφτομαι να φέρω το κουνελάκι μου να παρακολουθήσει τον αγώνα», είπε η Φαίδρα.

«Ωραία ιδέα! Ο Ρούπερτ θα σου φέρει σίγουρα τύχη».

Το επόμενο πρωί πηγαίνοντας στο σχολείο, η Φαίδρα ήταν πολύ ευτυχισμένη! Ανυπομονούσε να έρθει η μέρα των αγώνων.

«Πάκι, χθες είδα ένα όνειρο. Είχαν ξεκινήσει οι αγώνες κι εγώ πηδούσα όλα τα εμπόδια με τεράστια ευκολία!» είπε η Φαίδρα.

«Τέλεια! Είναι πολύ καλό να σκέφτεσαι κάτι προτού το κάνεις».

Την ώρα του φαγητού, η Φαίδρα είπε στην Πάκι ότι ένιωθε πολύ κουρασμένη.

«Φάε μερικές μπανάνες. Έχουν βιταμίνες και δίνουν ενέργεια», τη συμβούλεψε η φίλη της.

Η Φαίδρα, όμως, δεν πίστεψε πως οι μπανάνες θα τη βοηθούσαν να αισθανθεί καλύτερα.

«Πρέπει να κοιμηθείς νωρίς απόψε», της είπε η Πάκι.

«Όσο περισσότερο κοιμηθείς τόσο περισσότερη ενέργεια θα έχεις», συνέχισε.

Στη συνέχεια, οι δύο φίλες πήγαν στο στάδιο.

Ξαφνικά, η Φαίδρα άρχισε να τρέμει.

«Τι έπαθες;» τη ρώτησε η Πάκι.

«Η Λουλού η αλεπού και ο Άκης το λαγουδάκι θα πάρουν μέρος στον αγώνα και είναι πολύ καλύτεροι από μένα!»

«Κοίτα τα δίδυμα προβατάκια! Θα αγωνιστούν κι αυτά και τρέχουν πολύ γρήγορα!» ψιθύρισε η Φαίδρα.

«Μην ανησυχείς! Εσύ βάλε τα δυνατά σου και όλα θα πάνε καλά. Ακόμα κι αν δε βγεις πρώτη, θα νιώθεις περήφανη», είπε η Πάκι.

Έπειτα, ξεκίνησαν την προπόνηση.

Τη μέρα του αγώνα, η Φαίδρα φορούσε ένα υπέροχο κίτρινο μπλουζάκι, τα δίδυμα προβατάκια φορούσαν φανέλες με το νούμερό τους και η Λουλού μια μπλούζα με τη φωτογραφία της.

Από την άλλη, ο Ρούλης ήταν σίγουρος ότι θα κέρδιζε. Όλοι, όμως, ήταν πολύ αγχωμένοι. Ο Σίμος ο ιπποπόταμος χοροπηδούσε συνέχεια από την αγωνία του, με αποτέλεσμα το έδαφος να τρέμει.

Η Φαίδρα ανυπομονούσε να ξεκινήσει ο αγώνας.

Ξαφνικά, η Πάκι τη ρώτησε:

«Τι παπούτσια θα φορέσεις στον αγώνα;»

Ντροπιασμένη, η Φαίδρα έδειξε τα αθλητικά της παπούτσια.

«Γιατί δε φοράς τα δικά μου;» πρότεινε η Πάκι,

δείχνοντας τα ολοκαίνουρια παπούτσια της.

«Αλήθεια; Σ' ευχαριστώ πολύ, είσαι πραγματική φίλη!»

ενθουσιάστηκε η Φαίδρα.

Ώσπου να ξεκινήσει ο αγώνας, η Φαίδρα και η Πάκι παρακολουθούσαν τα υπόλοιπα αθλήματα που γίνονταν στο στάδιο. Η Νάταλι η καμηλοπάρδαλη έσπρωχνε τη Φιόνα τη χελώνα για να τερματίσει πρώτη.

Η υπόλοιπη παρέα προετοιμαζόταν για το συναρπαστικό αγώνα με τους σάκους. «Έλα, Φαίδρα! Πρέπει να πάμε στην αφετηρία. Ο αγώνας ξεκινά», φώναξε η Πάκι.

Μόλις ακούστηκε το καμπανάκι, η Φαίδρα έφυγε πρώτη.
Έτρεχε γρήγορα σαν τον άνεμο κι έδειχνε να απολαμβάνει
τον αγώνα.
«Έλα, Φαίδρα, μπορείς!» της έδιναν κουράγιο η Πάκι
και η κυρία Ρο. Ακόμη και το κουνελάκι της, ο Ρούπερτ,
τη χαιρετούσε από μακριά.

Όταν η Φαίδρα είδε τη Λουλού να την προσπερνά,
θυμήθηκε τη συμβουλή της Πάκι: «Βάλε τα δυνατά σου!»
Έτσι, άρχισε να τρέχει πιο γρήγορα.

Ξαφνικά, η Φαίδρα ένιωσε την Πάκι να την αγκαλιάζει σφιχτά και τη Νάταλι να της βάζει ένα παράσημο στην μπλούζα.

«Τι έγινε;» ρώτησε γεμάτη αγωνία.

«Νίκησες!» φώναξε ενθουσιασμένη η Πάκι.

Η Φαίδρα δεν μπορούσε να το πιστέψει. Ο Ρούλης ο ρινοκερούλης χειροκροτούσε συνέχεια από τη χαρά του. «Είδες, Φαίδρα; Προπονήθηκες σκληρά και κατάφερες να έρθεις πρώτη!» χαμογέλασε η Πάκι. «Συγχαρητήρια!»

ΤΑ ΖΩΑΚΙΑ ΣΤΟ ΣΧΟΛΕΙΟ

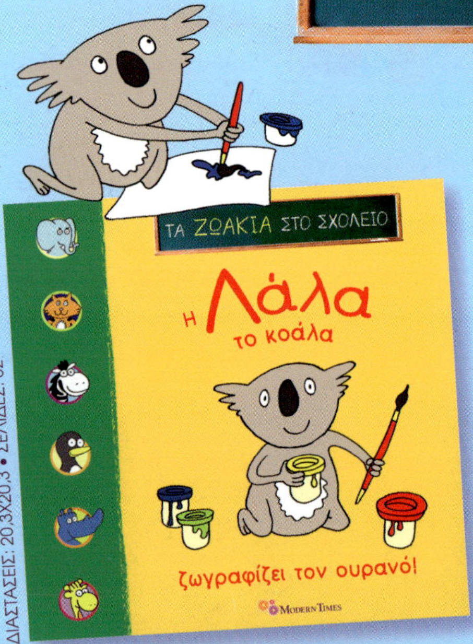

Η ΛΑΛΑ ΤΟ ΚΟΑΛΑ ΖΩΓΡΑΦΙΖΕΙ ΤΟΝ ΟΥΡΑΝΟ!

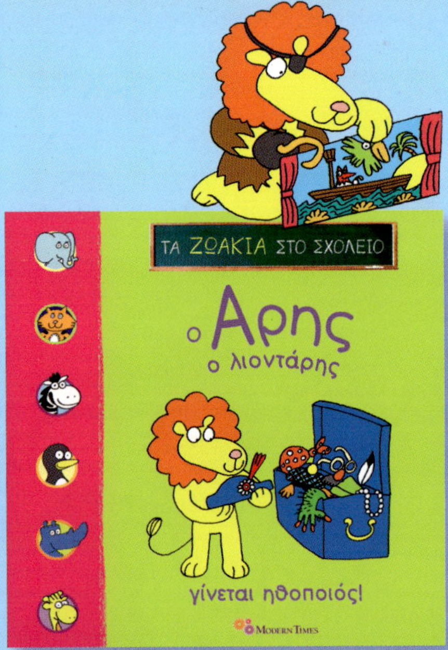

Ο ΑΡΗΣ Ο ΛΙΟΝΤΑΡΗΣ ΓΙΝΕΤΑΙ ΗΘΟΠΟΙΟΣ!

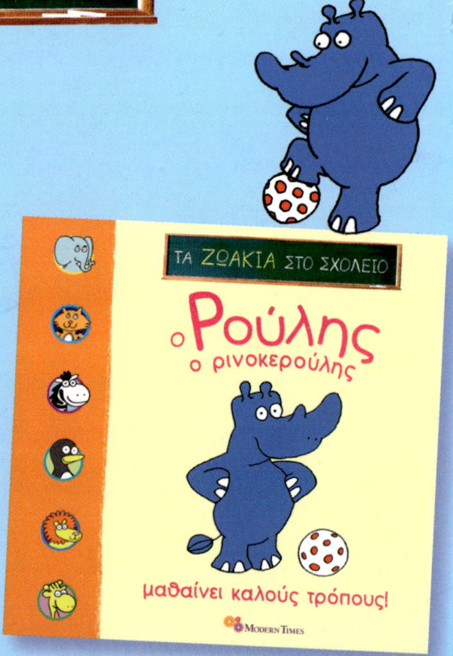

Ο ΡΟΥΛΗΣ Ο ΡΙΝΟΚΕΡΟΥΛΗΣ ΜΑΘΑΙΝΕΙ ΚΑΛΟΥΣ ΤΡΟΠΟΥΣ!

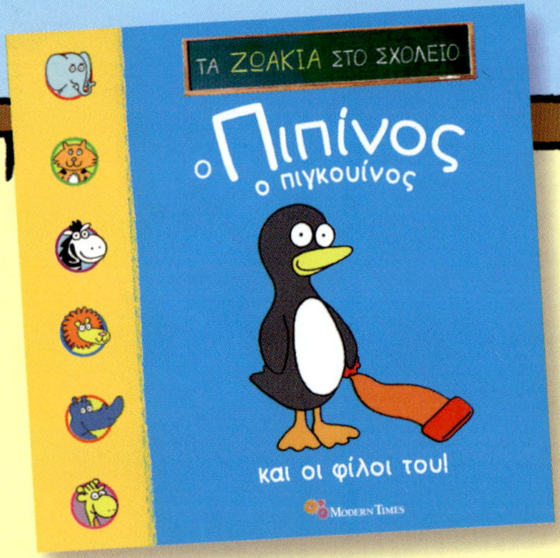

Ο ΠΙΠΙΝΟΣ Ο ΠΙΓΚΟΥΙΝΟΣ ΚΑΙ ΟΙ ΦΙΛΟΙ ΤΟΥ!

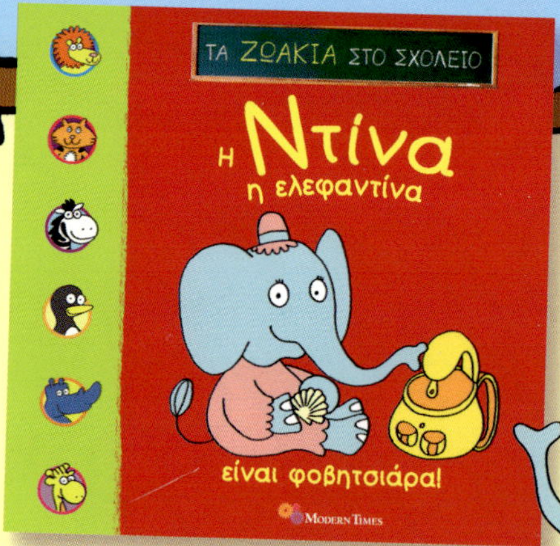

Η ΝΤΙΝΑ Η ΕΛΕΦΑΝΤΙΝΑ ΕΙΝΑΙ ΦΟΒΗΤΣΙΑΡΑ!

ΔΙΑΣΤΑΣΕΙΣ: 20,3Χ20,3 • ΣΕΛΙΔΕΣ: 32